Hermann Fitting

Über die sogenannte Turiner Institutionenglosse und den sogenannten Brachylogus

Ein Beitrag zu der Geschichte des römischen Rechtes vom sechsten bis zum eilften Jahrhundert

Hermann Fitting

Über die sogenannte Turiner Institutionenglosse und den sogenannten Brachylogus

Ein Beitrag zu der Geschichte des römischen Rechtes vom sechsten bis zum eilften Jahrhundert

ISBN/EAN: 9783741158025

Hergestellt in Europa, USA, Kanada, Australien, Japan

Cover: Foto ©Andreas Hilbeck / pixelio.de

Manufactured and distributed by brebook publishing software (www.brebook.com)

Hermann Fitting

Über die sogenannte Turiner Institutionenglosse und den sogenannten Brachylogus

[illegible]

TURINER INSTITUTIONENGLOSSE

[illegible]

BRACHYLOGUS.

[illegible]

[illegible]

[illegible]

[illegible]

[illegible]

[illegible]

[redacted]

Dr ALOIS BRINZ,

[illegible]

Dr FRANZ MAKOWICZKA.

[illegible]

Dr ADOLF von SCHEURL,

[illegible]

[illegible]

[illegible] Wiederherstellung der Rechtswissenschaft[1]

[illegible][2]

[illegible]

---

1) [illegible]

2) [illegible]

[illegible]

[illegible]

[illegible]

[illegible]

[illegible] Folge des Krieges [illegible]

1) [illegible] Vgl. [illegible]

4) Vgl. [illegible]

[illegible]

[illegible]

[illegible]

[illegible]

[illegible] [illegible]

I.

[illegible]

[illegible]

[illegible]

[illegible]

[illegible]

[illegible]

[illegible]

[illegible]

[illegible]

[illegible]

[illegible]

[illegible]

[illegible]

[illegible]

[illegible]

[illegible]

[illegible]

[illegible]

1) [illegible]
2) [illegible]
3) [illegible]

[illegible]

[illegible]

[illegible]

[illegible]

[illegible]

[illegible]

[illegible]

[illegible]

[1] [illegible]

[illegible]

[illegible]

[illegible]

[illegible]

[illegible]

[illegible]

[illegible]

[illegible]

[illegible]

[illegible]

[illegible], *VIIII* [illegible].

[illegible]

[illegible]

[illegible]

[illegible]

[illegible]

[illegible]

[illegible]

[illegible]

[illegible]

[illegible]

[illegible]

Auch [illegible]

Ferner [illegible]

Zu [illegible]

Zu [illegible]

Als [illegible]

[illegible]

[illegible]

[illegible]

[illegible]

---

1) [illegible]

[illegible]

[illegible]

[illegible]

[illegible]

[illegible]

[illegible]

[illegible]

[illegible]

[illegible]

[illegible]

[illegible]

[illegible]

[illegible]

[illegible]

[illegible]

Nr. [illegible]

Nr. [illegible]

Nr. [illegible]

[illegible]

[illegible]

[illegible]

[illegible]

[illegible]

[illegible]

[illegible]

[illegible]

[illegible]

[illegible]

[illegible]

[illegible]

[illegible]

[illegible]

[illegible]

[illegible]

[illegible]

[illegible]

[illegible]

[illegible]

[illegible]

[illegible]

[illegible]

[illegible]

[illegible]

[illegible]

[illegible]

[illegible]

[illegible]

[illegible]

[illegible]

[illegible]

[illegible]

[illegible]

[illegible]

[illegible]

[illegible] Frage [illegible]

[illegible]

[illegible]

[illegible]

[illegible]

[illegible]

> [illegible]

[illegible]

[illegible]

[illegible]

[illegible]

[illegible]

[illegible]

[illegible]

[illegible]

[illegible]

[illegible]

[illegible]

[illegible]

[illegible]

[illegible]

[illegible]

[illegible]

Zweitens [illegible]

Drittens [illegible] S. 119 ff. [illegible]

[illegible]

[illegible]

[illegible]

[illegible]

[illegible]

[illegible]

[illegible]

[illegible]

[illegible]

[illegible]

[illegible]

[illegible]

[illegible]

[illegible]

[illegible]

[illegible]

[illegible]

[illegible]

[illegible]

[illegible]

[illegible]

[illegible]

II.

[illegible]

[illegible]

[illegible]

[illegible]

[illegible]

[illegible]

[illegible]

[illegible]

[illegible]

[illegible]

[illegible]

[illegible]

[illegible]

III, [illegible]

IV, [illegible]

1) [illegible]

[illegible]

[illegible] Verbindung der [illegible]

[illegible]

> [illegible]

[illegible]

[illegible]

[illegible]

[illegible]

[illegible]

[illegible]

[illegible]

[illegible]

[illegible]

Die Antwort auf diese Fragen [illegible]

[illegible]

[illegible]

[illegible] p. CXXIV. [illegible]

[illegible] Theil [illegible]

[illegible] Lex [illegible]

[illegible] Lex [illegible]

[illegible] CXXVII. [illegible]

[illegible] IV, [illegible]

[illegible]

[illegible]

[illegible]

[illegible]

[illegible]

[illegible]

[illegible]

[illegible]

[illegible]

[illegible]

[illegible]

[illegible], [illegible] von der Art, dass [illegible] [illegible] [illegible] [illegible] [illegible] oder [illegible] [illegible] [illegible] [illegible] kann.

Als ein solches Beispiel kann ich [illegible] [illegible] [illegible] [illegible], [illegible] (D. 17 § 8) [illegible] [illegible] [illegible] „[illegible] [illegible] [illegible] [illegible] [illegible]“ [illegible] „[illegible] [illegible] [illegible]“ (Der Grund [illegible] [illegible] [illegible] [illegible] [illegible].) [illegible] [illegible] [illegible] [illegible] [illegible] IV, [illegible] § [illegible] „[illegible] [illegible] [illegible]“ [illegible] § [illegible] [illegible] „[illegible] [illegible] [illegible]“ [illegible] § [illegible] (Offenbar [illegible] [illegible] [illegible] [illegible] [illegible]. Der [illegible] [illegible] [illegible] [illegible] [illegible] [illegible] [illegible] [illegible] [illegible] [illegible] [illegible], dass [illegible] [illegible] [illegible] [illegible] in der Art, dass [illegible] [illegible] [illegible]

[illegible]

[illegible]

> [illegible]

[illegible]

[illegible]

[illegible]

[illegible]

[illegible]

[illegible]

II, 17 § 7. [illegible]

IV, 1 § 16 [illegible]

[illegible] 11. und 12 Jahrhundert [illegible]

[illegible]

[illegible] IV, [illegible]

[illegible]

[illegible]

[illegible]

[illegible]

[illegible]

[illegible]

[illegible]

[illegible]

[illegible]

[illegible]

[illegible]

[illegible]

[illegible]

[illegible]

[illegible]

[illegible]

[illegible]

[illegible]

[illegible]

[illegible]

[illegible]

[illegible] C [illegible] II, 1, 14 [illegible]

[illegible]

[illegible] III, 12 § [illegible]

[illegible]

Und Petrus I, 14 sagt

[illegible]

[illegible]

[illegible] 11. Jahrhunderts [illegible]

[illegible] 11. [illegible] 12. Jahrhunderts [illegible]

[illegible]

[illegible]

[illegible]

[illegible]

[illegible]

[illegible]

[illegible]

[illegible]

[illegible]

[illegible]

[illegible]

[illegible]

[illegible]

[illegible]

[illegible]

[illegible]

[illegible]

[illegible]

[illegible]

[illegible]

[illegible]

[illegible]

[illegible]

[illegible]

[illegible]

[illegible]

[illegible]

[illegible]

[illegible]

[illegible]

[illegible]

[illegible]

[illegible]

[illegible]

[illegible]

[illegible]

[illegible]

[illegible]

[illegible]

[illegible]

[illegible]

[illegible]

[illegible] Frankreich, [illegible] Verhandlungen [illegible]

[illegible]

[illegible]

[illegible]

[illegible]

[illegible]

[illegible]

[illegible]

[illegible]

[illegible]

[illegible]

[illegible]

[illegible]

[illegible]

[illegible]

[illegible]

[illegible]

[illegible]

[illegible]

[illegible]

[illegible]

[illegible]

[illegible]

I, 4 § 4: [illegible] Vgl. [illegible]

I, 9 § 17: [illegible]

I, 10 § 3: [illegible]

I, 13 § 1, 2: [illegible] Vgl. [illegible]

I, 14 § 3: [illegible] Vgl. [illegible]

I, 15 § 4—6: [illegible] Vgl. [illegible]

I, 18 § 3: [illegible] Vgl. [illegible]

[illegible] (… 1230) [illegible] [illegible]

II, 11 § 1. [illegible] „[illegible] — —, [illegible]" [illegible] Vgl. [illegible]

II, 11 § 7. [illegible] — — [illegible] Vgl. [illegible]

[illegible] „[illegible]" [illegible] „[illegible]"

II, 13 § 11. [illegible] „[illegible]"

II, 16 § 8. [illegible] — — [illegible] — — [illegible] Vgl. [illegible]

II, 17 § 3. [illegible] der eigenen Hand des Testators oder dergleichen eines tabularius publicus [illegible] Vgl. [illegible]

II, 19 § 6. [illegible] („[illegible]") [illegible]

II, 21 § 1 und II, [illegible] [illegible]

[illegible]

[illegible]

[illegible]

[illegible]

[illegible]

[illegible]

[illegible]

[illegible]

[illegible]

III, [illegible] § [illegible] [illegible]

IV, [illegible] § [illegible] [illegible]

IV, [illegible] § [illegible] [illegible]

IV, [illegible] § [illegible] [illegible]

IV, [illegible]

In IV, [illegible] § [illegible] [illegible]

[illegible] IV, [illegible]

[illegible]

[illegible]

[illegible]

[illegible]

[illegible]

[illegible]

[illegible]

[illegible]

[illegible]

[illegible]

[illegible]

[illegible]

[illegible]

[illegible]

[illegible]

[illegible]

[illegible]

[illegible]

[illegible]

[illegible]

[illegible]

[illegible]

[illegible]

[illegible]

[illegible]

[illegible]

[illegible]

[illegible]

[illegible]

[illegible]

[illegible]

[illegible]

[illegible]

[illegible]

[illegible]

[illegible]

[illegible]

[illegible]

[illegible]

[illegible]

[illegible]

[illegible]

[illegible]

[illegible]

[illegible]

[illegible]

[illegible]

[illegible]

[illegible]

[illegible]

[illegible]

[illegible]

[illegible]

[illegible]

[illegible]

[illegible]

[illegible]

[illegible]

[illegible]

[illegible]

[illegible]

[illegible]

> [illegible]

[illegible]

[illegible]

[illegible]

[illegible]

[illegible]

[illegible]

[illegible]

[illegible]

[illegible]

[illegible]

[illegible]

[illegible]

[illegible]

[illegible]

[illegible] (S. 74) [illegible] IV, [illegible] § 2 [illegible]

[illegible]

[illegible]

[illegible]

[illegible]

[illegible]

Beilagen.

[illegible] III. [illegible]

I.

[illegible]

[illegible]

[illegible]

[illegible]

[illegible]

Qualiter index constituendus sit.

[illegible]

Qualiter [illegible] fieri debeat.

[illegible]

[illegible]

[illegible]

[illegible]

[illegible]

[illegible]

[illegible]

[illegible]

[illegible]
[illegible]
[illegible]
[illegible]
[illegible]
[illegible]

www.ingramcontent.com/pod-product-compliance
Lightning Source LLC
Chambersburg PA
CBHW031410160426
43196CB00007B/961
* 9 7 8 3 7 4 1 1 5 8 0 2 5 *